JN410768

# 개망초의 노래

# 개망초의 노래

최동현 제5시집

# 자서

강물이 흐릅니다.
어디서 오는지 모르는 강물
그 강물위에 내가 서 있네요
어디로 가는지 모르는 강물
그 강물위에 내가 앉아 있네요
어디서 오는지
알고 싶지 않고요
어디로 가는지
알고 싶지 않네요

강물이 흐르고 있네요
내가 강물 되어 흐르네요
강물이 내가 되어 흐르네요
부끄럽지 않은 강의 눈으로
흐르는 강물의 끝자락
오직 한 곳을 바라봅니다.

최동현

차례

## 2. 봄이 오는 소리

## 3. 피뢰침

## 4. 연극이 끝나면

## 5. 공

# 1.

# 개망초의 노래

# 기다림은

기다림은
고통의 땅을
맨발로
걸을 줄 안다

기다림은
나의 기쁨보다
남의 기쁨에
기뻐할 줄 안다

기다림은
몸에 박힌 가시가
살이 되도록
사랑할 줄 안다

기다림은
붉은 땅에서
파란 싹을
피울 줄 안다.

# 개망초의 노래

나도 꽃이랍니다.
예쁘고 화려하진 않지만
촘촘한 꽃잎이 있구요
탄탄한 꽃술도 있습니다
꺾어질 듯한 꽃대
색깔 지운 눈망울이지만
눈길 한번 안 주어도 씩씩하게 피어납니다.
나는 누구를 원망해본 적이 없습니다
이곳저곳 가리지 않으니까요
추운 겨울날에는 눈 이불에 쉴 뿐
끈질기게 뻗어 나갈 겁니다
나는 볼 품 없고 관심 못 받아도
이곳에 태어난 것만으로 행복합니다.
이 세상에 난다는 게 어디 쉬운 일인가요
바람에 흔들릴 때는 내가 웃고 있을 때입니다

사는 것이 힘들다고 세상을 욕하는 사람
삶을 포기하고 싶다는 사람
잠시 들길에 나와 나를 보세요
척박한 땅, 돌 틈에서도
빵싯 고개 내미는.

# 내가 공이라면

욕망의 바람 터지도록 마셔
돌처럼 딱딱하게 굳지 않으리라
뛰지도 못하고 거들먹거리는
배부른 공은 아니리

허욕의 바람 쫓다가 지쳐
풍선처럼 물렁하게 되지 않으리라
뛰지도 못하고 구르기도 힘든
맥 빠진 공은 아니리

무욕의 맑은 바람으로 채워
알맞은 탄력의 여유로 기다리리라.
높게 뛰고 낮게 구르는
쓰러지지 않는 공이 되리

불의에 눈멀지 않고 정의의 편에 서리
가난한 이웃과 손잡고 구르며
낮은 사람과 함께 뛰어오르리라
추운 곳 배고픈 곳 어디든지.

# 박꽃

착하게 사는 마을
별들도 많다

그리워 그리워서
그 별인가 쳐다보고

순하게 사는 동네
달빛도 밝다

수줍어 수줍어서
그 달인가 바라보고

# 나뭇잎

태양이 커질수록 나무는 분주하다
나무는 그늘을 만들기 위해 잎이 자란다
평생 나뭇잎 한 장 키우지 못한 나
그래도, 나뭇잎 아래서 땀을 닦는다.

# 가을 하늘

살구꽃이 다시 필 것 같은
가을 하늘을 보아라
가슴 활짝 열고
누구든 푹 안길 것 같은
맑은 하늘을 보아라
네 이웃을 용서하는 날이다
눈부시게 투명한 저 하늘에
지옥이 어디에 있겠느냐

세상이 활짝 열린 것 같은
가을 하늘 아래
한 꺼풀씩 시원하게 벗는다.
덕지덕지 묵은 때 씻어버린다.
네 자신을 용서하는 날이다
그래서 너와 나 함께

가을 하늘이 되자
가을은 햇살도 점잖다.

# 나무의자

평생을 서서 살다가
죽어서야 앉았다

올려 보던 눈길이
다정스레 내려 보고

뒷짐 지던 손길이
다가서 어루만지고

뼈를 떼어낸 낮은 살로
맡기듯이 내려놓는다.

이제 평생을 앉아서
죽어 다시 살아난다.

# 도시의 우리

도시의 가로수는 제각각
일정한 거리를 두고 서 있다.
그 거리만큼이 우리가 되어
가로수는 외롭지 않다

명동거리에 부딪히는 사람들
지하철에 비비적거리는 사람들
함께 있어도 우리가 아닌
제각각 거리를 두고 있는 우리

우리는 그저 도시라는
우리 속에 갇힌 우리일 뿐인가.

# 벽돌의 소망

깨지면 돌이 되고 뭉치면 벽이 되는 벽돌
벽돌은 돌이 되기를 바라지 않는다

바람도 비켜가는 존재이기를 바라지 않는다
못난 곳 굴러다니는 천덕꾸러기를 바라지 않는다
발가락에 차이기를 바라지 않는다
사람을 심판하는 돌이 되기를 바라지 않는다.
더욱이 죄 없는 자의 돌이기를 바라지 않는다

깨지면 돌이 되고 뭉치면 벽이 되는 벽돌
벽돌은 벽이 되기를 원한다

거친 손길에 뛰는 심장으로 안기기를 원한다
손에 손을 잡고 한 발자국씩 오르기를 원한다
찬바람 막는 따듯한 벽이 되기를 원한다

가르는 벽이 아닌 하나 되는 벽이기를 원한다
힘찬 아기 울음소리 듣는 벽이 되기를 원한다.

# 설렘의 계단

밟아보지 않은 새로운 계단을
한 단계씩 오른다
시작이란 신비한 힘이 있어
출발을 준비하는 자는
설렘의 기쁨 속에 사노니
끊임없이 출발하는 마음으로
새 계단을 디딘다.
한 계단에 오래 머무르지 마라
설렘은 사라지고 낡은 타성이
긴 자리 펴리니
느리더라도 한 계단 오른다
성이 덜 차거든 숨 고르며
구두끈을 고쳐 맨다.
눈 감은 자에겐 보이지 않는
설렘의 계단은 기다린다

출발의 종소리는 남은 인생의
새 역사를 쓰게 될지니
시작의 설렘은 긴 날개가 되어
숨어있던 젊음 살며시 깨워
마른 대지 위에 내리리라.

# 사랑이여 가시는가

봄이 가고 여름 가고
푸른 낙엽 지고 성긴 별 지니
사랑이여,
그렇게 가시는가

내일을 위해 오늘의 해 지고
열매를 위해 꽃 떨어지나니
사랑이여,
그렇게 잠시 쉬구려

독한 마음 하나 묻어 놓고
누르며 미워했던 그리움
사랑이여.
그렇게 깨어나시어

설레는 내일로
따뜻한 열매로
사랑이여,
그렇게 다시 일어나소서.

# 운동화 한 짝

물살 빠지고 난
고즈넉한 학교 운동장
빈틈없이 찍은
발자국 발자국들

그 한가운데
덩그러니 누워있는 운동화 한 짝
다 닳도록 피었을
주인 잃은 꽃 한 송이

그곳에서 피고 진
구멍 난 내 운동화
여물게 찍으려다 못 찍은
아쉬운 내 마음 한 짝.

# 달에는 별에는

달에는 태어날 사람들이 사나 봅니다
별에는 죽은 사람들이 사나 봅니다

그래서
달은 가까이서 지구를 살피고 있고요
별은 멀리서 지구를 지켜보고 있네요.

# 빨강 신호등

인적 드문 곳에 외로운 신호등
빨간 불빛에 급한 내가 멈췄고
건너편엔 초등학교 이삼 학년쯤
어린아이 혼자 서 있고
자동차도 뜸한 곳
참새가 웃는 허수아비 신호등
건너편 어린아이가
빨강 신호등 보다 빨갛고
해는 어스레하고
바람은 귀때기를 에고
눈발은 옆으로 날리고
느긋한 신호등은 눈도 껌벅 않고
동자 돌부처 되어 서 있는
어린아이는 어른이 되고
발 동동 구르는
나는 어린아이가 되고.

# 떨어지는 법

날개가 없어 하늘 높이
오르지 못하는 자여
슬퍼하지 마라
크고 높을수록 아프게 떨어진다

하늘은 오르는 법은 가르치지 않으나
떨어지는 법은 가르치나니
방울 큰 소나기는
높은 곳에서 붉은 피멍으로 떨어지고
방울 작은 는개는
이웃에서 마실 오듯이 사뿐히 내린다

하늘을 나는 새들은
무욕으로 더 높이 오르지 않고
저 하늘의 별들은
아프니까 떨어지지 못한다.

# 평화의 정원

바위가 되지 말고 돌이 되어라
큰 바위 밑에 누워
바위가 바위답게 서도록
굳게 받쳐주는 돌
바위가 쪼개져 흙이 되어도
그 자리 바위처럼 지키어라.

돌이 되지 말고 나무가 되어라
넓은 그늘 드리워서
병들고 지친 자들이
그늘 아래 쉬어 가게 하여라.
과욕을 가까이 두지 말거라
웃자란 나무는
작은 비바람에 쓰러지나니
작은 눈보라에 꺾어지나니
천천히 뿌리내리는 나무가 되어라

나무가 되지 말고 풀이 되어라
철따라 바뀌는 게 풀이니라
풀을 탓하는 자 아무도 없다
바람이 일 때마다
뿌리를 단단히 세우어라.
풀이 있으니 나무가 빛나고
풀이 있으니 바위가 살아나느니
잘 자란 풀이 탐스러운 숲 이룰 때
정원이 찬란히 빛나리라

나는 조그만 돌이 되리라
돌이 나무가 되고
돌이 풀이 되고
돌이 바위가 될 때까지
그 자리 바위처럼 지키리라.

# 진짜 천사

하늘에 오르는 천사를 보았는가
하늘로 오르기 위해
천사에게 날개가 달렸다는
눈먼 사람이여
그대에게는 천사가 보이지 않는다
천사의 날개는
새처럼 날기 위함이 아니라
눈처럼 내리기 위한 것

천사의 날개를 찾는 자여
이 땅 위에 내린
바보 천사를 보라
자기가 천사인 줄도 모르고
날개가 있다는 사실도 잊고
천사를 기다린다.

진짜 천사는

자기가 천사인 줄 모른다.

# 겨울밤 우리 집 안방

아이들이 부러워하는 국민학교 울타리 길 건너 집
아침이면 이따금 강가에 나가 세수하고
강물 길어서 밥해 먹던 우리 집
여름엔 덥고 겨울엔 추운 함석지붕 우리 집 안방
아래서 둘은 집에서 놀고 넷은 학교 다니는 6남매
외할아버지 외할머니와 함께 살던 우리 집 안방

이불 깔면 침실이고
밥상이 들어오면 식당이 되는 방
밥 먹은 아이들 놀이터가 되는 방
작은 밥상 달랑 놓고 공부하는 방
방바닥에 배 깔고 만화책을 돌려가며 읽는 방
할아버지가 때때로 가갸거겨를 가르치시는 방
할머니가 매일 저녁 칼국수 미시는 방
할아버지 긴 담뱃잎 썰어 장죽에 태우시는 방

할머니 30촉 전등에 손가락 빨며 바느질하시는 방
손바닥으로 햇빛을 가리듯이
창호지 한 겹으로 매서운 겨울바람을 막는 방
방 한가운데 투박한 질화로가
보물단지처럼 턱 버티고 앉아 있는 우리 집 안방

밤이면 추운 겨울밤이면
함실장 아랫목부터 꼬마 구들장 윗목까지
여덟 식구 나란히 눕는 방
할아버지 할머니 아랫목에 이불 펴시고
막내 미정이
인정이
인애
인진이
윗누이 인희

그리고 나
아들이라는 이름으로 맨 윗목에 머리 위로 이불 덮고 눕는 방
후~하고 불면 허연 입김이 담배연기처럼 피어오르는 방
꽁꽁 얼어붙은 강물의 얼음 다지는 소리가 쩌엉 쩡, 쩌엉 쩡
멀리서 개 짖는 소리처럼 잠결 속에 들리는 방
아침이면 젖은 걸레가 동태가 되는 방
군불도 많이 못 지핀 배고픈 아궁이
구들장의 온기는 싸이렌 울리기 전에 식어 내리고
가족 사랑의 온기로 매서운 추위를 이겨내는 안방

가끔은 추위보다 짙은 어둠 속에서
할아버지의 황소울음 같은 긴 한숨 소리 들리고
할머니가 이불 덮어쓰고 원망스런 하늘에 한 맺힌 기도를 드리는 방

딸 둘 남기고 여섯 자식 앞세운
늙은 부모의 무너지는 억장을 묻은 뼛속 울리는 밤
방안의 차디찬 공기도 뜨겁게 숨죽이는 안방

어둠은 깊어도 아침은 먼데
강 덮은 얼음이 눈 녹듯이 멀리 가버린 어느 해
외할아버지 외할머니 한 많은 세상, 앞 선 자식 뒤따라가시고
철없는 육 남매는 철들기 전에 멀리 떠난 안방

지금은 흔적도 없이 사라진
내 가슴속 깊은 곳에 살아 있는 우리 집 안방
아직도 안방이라면 그 시절 그곳이
푸른 강물처럼 떠오르는 우리 집 안방.

# 2.

# 봄이 오는 소리

# 봄이 오는 소리

동네 가득
강냉이 터지는 소리
소리만 들어도 고소한
펑 펑 펑

봄 가득
꽃망울 터지는 소리
소리만 들어도 환하게 웃는
팡 팡 팡.

# 봄님

봄꽃 피자
오신 손님

봄꽃 지자
가시려나.

꽃잎 따라
오신 봄님

꽃씨 따라
가시구려.

# 봄날에

봄꽃 피니 봄이 좋고
봄바람 부니 꽃이 좋다
봄꽃나무 아래 서는
봄이 되고
봄바람 곁에서는
꽃이 된다

처음 맞는 봄처럼
처음 보는 꽃처럼
호들갑은 떨지 말자
낯설지 않은 봄
눈익은 꽃이라서 좋다

꿈속에 본 그 꽃이라도
방랑의 봄은 저물었다

남은 봄 꽃잎 되어
사랑하는 내 님 곁으로
한 잎 두 잎 내리리라.

# 바쁘신 봄

장롱
문 밖에
겨울은 서 있고

미세먼지
황사에
바람이 걸구나

개나리꽃 진달래꽃 벚꽃 목련꽃 살구꽃
다투어
꽃 문 열리니

바쁘신 봄은
소리 없이
그렇게 오셨네.

점령군처럼
오신 봄
다시 또

오시는 듯
가시려나
지난봄처럼.

# 구름 같은 봄

꽃잎이 활짝 열렸네
새 이파리 밀고 오르네
다 큰 꽃잎이 비켜서네
다시 올 수 없는 탯줄에서
가볍게 떨어지네

밀려다니는 구름 같은 봄
겨울과 여름 사이
작은 냇물 건너는
징검다리인가
고래 사이에 쪼그린 계절

시든 꽃잎 바람 타는
저 넓은 들판 위에서
새파란 봄은

우부룩하고 힘차게
솟아오르건만.

# 봄 햇살과 공원

양지바른 공원 한구석에
말리기 위해 정리된 신발처럼
옹기종기 모여 앉아있다
휠체어 지팡이 털신 목도리들
시들은 머리카락에도
싱싱한 봄 햇살이 내린다
가끔은 가리는 몸짓
피하는 속내의 그림자가 있을 뿐
햇빛은 어디에나 고루 뿌려준다

개나리 꽃망울 살짝 내비치고
이름 모를 나뭇가지에
새싹들이 살며시 고개 내미는 곳
봄 햇살은 동그랗게
둥그렇게 무리 지어 내린다

오래된 뿌리가 어우러진 땅
물오르는 나뭇가지에
물기 마른 이웃들에게
봄 햇살은 빠르게 봄을 심는다.

# 시궁창의 오리들

푸르른 창공을 버리고
더러운 시궁창 바닥을
부지런히 쑤셔대는 황금주둥이
날개 달고 날지도 못하는
바보 같은 몸짓에 수줍다
재미로 던져주는
마약 같은 먹이에
허겁지겁 살찌우는 날개들
보기 좋은 창공을 날지 않고
실속 깊은 시궁창을 기며
날개 없는 인간 앞에서
날갯짓은 힘차게 한다
물 한 모금 머금고 하늘을 보며
거미줄 같은 전설을 읽는다
배부른 시궁창 풀숲에 앉아

날개 속에 주둥이 깊게 감추고
푸르른 창공의 꿈속에 빠진다.

# 잊힌 계절

화려한 도시의 끝은 어디인가
혼쭐 빼는 불빛 아래
으르렁거리던 개 한 마리
슬며시 밀려나는 발걸음
힐끔거리며 뒷걸음질하더니
밝은 빛에 붉게 눈부시더니
긴 그림자 끌고 도시의 끝에 섰다
길게 침 흘린 식은 혓바닥은
틈 없는 도시의 발바닥 사이에서
홀로 떨어진 낙엽 되어 구른다.
도시는 밤 속의 낮이 되어
다가올 계절을 잉태하고
잊힌 계절은 돌아보지 않는다
아직도 타협하지 못한 발길은
강물에서 끌어낸 물길 할퀴는 돌

도시는 눈길 한번 주지 않고
가던 길로 부지런히 흐른다.

# 꽃샘추위

어둠이 내리는 한적한 신호등
꽃샘추위가 몸속으로 스미는데
여인과 내가 단 둘이 서있는데
살랑한 집은 지척이고
추위 녹일 막걸리는 부르는데
얼어붙은 늙은 신호등
눈 한번 질끈 감았는데
따라올 것으로 지레짐작한 여인은
그 자리에 붙어 있고
나는 걸으면서 돌아보는데
자꾸 뒤돌아보는데
얄미운 여인은 그 자리에 서 있고
나는 발자국 빨라지고
내 아내 같은 여인은 그 자리에 서 있고
거리가 커질수록

나는 작아지고

봄은 어둠 속에 흐려지고.

# 대중탕에서

죄 많은 몸

벌거벗었지만
아무것도 모른다

다행이다.

# 밤하늘의 별

별이 된 사람은 많은데
밤하늘의 별은
점점 사라지시다

지상의 것들이
하늘의 것을
먼 데로 밀어내고
그 자리엔
암흑만 남으시다

별이 있어 아름다운
이 세상, 이 밤
별을 돌려주시라.

## 낙엽

가을의 꽃잎이
살랑살랑 떨어지누나.

푸르게 살아온 흔적
떨어지는 낙엽이 아니라
날듯이 내리는 꽃잎이 고저
바람결에 춤을 추누나

혼자서는 외로우랴.
옹기종기 모여 앉아
누렇게 익은 사랑이야기
붉게 꽃피우누나.

낙엽 밟는 내 발길에
바스락바스락

사랑이야기 전해주누나
내 사랑도 가을처럼
익어 가게 하누나.

낙엽 따라가는 바람에
절로 사랑의 옷깃 여미누나.

# 나뭇가지에 걸린 달

가을에 줄 것 다 준 나무
한낮 나뭇가지에 걸린 달을 보네

나무 꼭대기에 매달린 나뭇잎
누런 가을마저 빠져나간 마지막 한 잎
아무도 눈길 주지 않는
홀로 남겨진 외로움
낙엽으로 내리려 해도 내릴 수 없는
바람 잔 쓸쓸한 마당
가을이 모두 떨어져도
마지막 한 잎은 떨어지지 않네

봄이 아니고는
나뭇잎을 낳을 수 없듯이
어둠이 아니고는

달을 피워낼 수 없겠지

마지막 한 잎마저 내려야
외롭지 않은 달이 떠오를 텐데.

# 가을날

밝은 달
보라는 듯
환하게 웃는다
저 달의 뒤
어둠이겠지
웃고 있을까

화사한 단풍
보라는 듯
빙긋이 웃는다
저 단풍의 뒤
이별이겠지
웃고 있을까

거울 속의 내 모습

보라는 듯
활짝 웃는다
내 모습 뒤
가을이겠지
웃고 있을까.

# 고드름

싱그러운 아침 햇살에
눈부시게 반짝이는 고드름을 보라
무형의 물속 깊이 간직해온
천 년의 일탈을 위하여
칼바람은 거친 숨결로
어둠의 침묵 속에서
은빛의 광채를 빚어내나니

인고의 주름이 깊은 자는 안다
가끔은 드러내는 칼바람의 존재를
안으로만 삼키는 저 물의 속내를
다시 몸이 부서져
어느 구름 위로 흩날리거나
어느 땅속으로 사라진다 해도
햇살 찬란한 아침은 열리나니.

# 고독한 사랑

구름에게
바람에게
땅줄기에게
그 무엇에게
주고
또 주고

벌거벗어
매달리는 살붙이 하나 없이
홀로
꼿꼿하게
서 있는
겨울나무.

# 한 해가 저무는 날

찬바람에 흔들리는 나무를 보라
잎새가 큰 나뭇잎
이파리가 두꺼운 나뭇잎
잎사귀 물기 빠지니
바로 땅 위에 떨어지는 구나

찬바람에 흔들리는 나무를 보라
잎새가 작은 나뭇잎
이파리가 얇은 나뭇잎
잎사귀 물기 빠져도
나뭇가지에 매달려 있구나

찬바람에 흔들리는 나무를 보라
넉넉한 나뭇잎은 미련 없이 버리고
부족한 나뭇잎은 서로 잡는가

한 해가 저무는 날
남은 세상 가야 할 길을 묻는 구나.

# 사람이니까 운다

울고 싶을 때는 울어라
울음은 영혼의 심장을 짜내는 일이니
온몸으로 울어라
마지막 울음처럼 죽도록 울어라

죽어서야 울 수 있겠느냐
죽어서 눈물이야 나겠느냐
살아있으니 운다
살아가고자 운다

울지 않는 사람 있는가
사람이니까 운다
사랑하니까 운다
눈물 없는 사람도 평생 세 번은 운다

울음을 질근질근 씹지는 말거라.
단비도 늘어지면 바람이 돌아서나니
눈물방울에 식은 별 하나 떨어질 때
사르르 눈을 감는다.

# 내일은 영혼

죽는 육신 있거늘
육신은
자꾸 태어나고

죽는 영혼 없거늘
영혼은
틀림없이 생겨난다

오늘이
육신이라면

영원히 잡히지 않는

내일은
영혼이리.

# 3.

# 피뢰침

# 그림 제목

나는 "인생"이라 외쳤고
"life"라고 쓰여 있었다.

희미한 잿빛 세상
벌레 먹고 오그라든
달랑 낙엽 몇 장

한동안 그 자리에 서 있었다

그림이 내게로 다가왔다
순간, 거기에
굽은 등 말고 있는 내가 있었다

아, 이것이 인생

떨리는 발을 끌고
가까이 다가서다 본
삼백호 귀퉁이에 또렷한 글씨
그림제목 “life”.

# 가마솥의 독백

불구덩이에서 태어났으니
뜨거운 건 내 업이라 치자
텅 빈 몸뚱어리 달랑 하나
내 것은 아무것도 없다

뜨겁게 밥 지어주면
시원하게 다 퍼간다
물 헹궈 숭늉 만들어
누룽지마저 박박 긁어간다
씁쓸한 밥 한 톨
남겨주지 않는다

솥귀에 맺힌 땀 이슬 식어
어둠이 익어 재가 될 때까지
뜨겁게 따듯하게

가쁜 힘 조여 물방울 날려도
살점 지나간 국물 한 방울
남겨주지 않는다

평생 내 것 한 번 만들어보지 못한다
뚜껑 닫힌 빈 몸으로
뜨거워질 날을 기다리지만
내 것은 아무것도 없다.

# 몽당 빗자루

빼대만 앙상하게 남아
놓지 못해 서글픈 마당에
구르다가 지친 낙엽처럼
닳고 닳은 영혼에 한숨 쉬며
마루 끝에 비스듬히 기대선
키 작은 조리복소니

타버릴 몸뚱이
마지막 뼈마디 한쪽까지
모지라지길 기다리며
따스한 햇살 아래
늘 보던 정든 마당도
먼 산 보듯 바라본다

자식 앞세운
외할머니 같은.

# 구부러졌다

동트기도 전에
똥지게 지고
밭에 나가시는 외할아버지
손때에 닳은
괭잇날이 구부러지고
낫 등이 구부러지고
호미가 구부러졌다

온종일 구부리고
땀 흘리시는 외할아버지
오이가 구부러지고
호박이 구부러지고
고추가 구부러졌다
허리 탓은 안 하시고
열매 탓만 하신다.

# 강가에 서 있는 미루나무

강물의 얼굴을 모르는 이여
미루나무가 강물인 줄 모르는 자여
사라진 미루나무는 어느 돌무덤이 되었는가.

나 어릴 적 강가에는
강물 지키는 미루나무가 서 있었다
강바람에 살 터진 미루나무는
햇빛 내리는 길 따라서 짝사랑하듯
흐르는 강물만 바라보고 있었다.

무심코 흘러가는 강물은
물 주름 찰랑찰랑 평화의 얼굴이고
욕망이 파도치는 강물은
분노의 붉은 얼굴이지만
미루나무의 손길에 물길 따라 흘렀다

어둠의 고요가 내리는 강가에서
고향 잃은 나그네는 미루나무 되어 서 있다
미루나무가 손 흔들던 그곳.

# 피뢰침

어린 시절 내가 살던
시골 읍내에는
높은 십자가가 세 개 있었지

국민학교 자연 시간에
천둥과 번개를 배우고
벼락과 피뢰침을 알고부턴
하늘 높은 것들을 살펴보게 되었어

세 개의 십자가 중에
하나의 십자가에만 피뢰침이 없었어
그것이 나에게 믿음을 주고
왠지 모를 자긍심을 갖게 하였어

얼마 전 천둥 번개가

한바탕 소란을 피우던 날
옛 생각에 하늘을 올려보았어
별보다 많은 내려 보는 십자가

피뢰침은 십자가 위의 십자가 되어
하늘을 찌르고 있었어

나 어릴 때 그때처럼
나를 뿌듯하게 하는 그런 십자가
어디 없을까.

# 그 후 20년

뱃길 인도하는 등대이기를
어둠의 길 밝히는 전등이기를
한 번도 바다가 되지 못하고
한 번도 길이 되지 못하고

꽁꽁 얼어붙은 강바닥
쥐불놀이 끈이 되지 못하고
밤새도록 허공을 태우는
꺼져가는 불길이었다.

불 꺼진 등대가 바다가 되고
어두운 전등이 길이 되는 번민
얼음 녹은 강물의 끝자락에서
만월의 넋으로 뜨겁게 다가선다

평생을 15세 소년으로 살다 가신
아버지.

# 침 맞으러 가신다

침 맞으러 가신다
지팡이 끌려가신다.
황사 자욱한 초겨울에
안개처럼 가라앉는 미세먼지
찬 그늘 스르르 내리는
잿빛 속으로 가신다
등 떠미는 자식들
사그랑주머니 가슴에 묻고
그래도 그 힘으로 가신다
한참을 걸어도 제자리
늘어진 저승길 가듯 가신다
한숨이면 가던 길
한 숨 뱉으며 가신다
죽겠어서 가신다
죽겠어도 가신다

밥도 못하는 할머니
침 맞으러 가신다.

# 사랑아

채우다가
비우다가
제 자리 맴도는
사랑
사랑아

채우라 시는
사랑
비우라 시는
사랑

비우려다
채우려다
한 평생 맴도는
사랑
사랑아.

# 살구꽃

살구나무는
살구만 달리는 줄 알았네

살구꽃 피는 줄
고향 떠나 알았네.

# 춥고 긴 겨울밤

늦은 겨울밤이면
춥고 긴 어두움
졸음 가득한 적막 속에
열려있는 두 귀

깨엿 사려어~
깨엿이요
깨엿 장수 소리
추위에 오그라들고

찹쌀떠억~
찹쌀떠억~
찹쌀떡 장수 소리
어둠에 묻히고

메물묵 사려어~
메물묵
메물묵 장수 소리
멀리서 가늘게 떨리고

어둠이 깊으면
새벽이 올 텐데
어둠만 길고 긴
그 시절 추운 겨울밤.

# 아버지는 울지 않는다

펄럭이는 깃발 같은 아버지가
줄 풀어진 연처럼
힘없이 고개를 떨어뜨릴 때가있다

석양 가린 외딴 실구름처럼
집안에 연한 안개가 피어나고
품 밖의 자식들이 커가듯이
안개는 막이 되어 차츰 높아지고
아내의 굳은 어깨뼈처럼
안개의 벽이 점점 단단해지고
아버지는 작아지고 작아져서
그 벽을 기어이 넘지 못하고
외롭게 무너져 내릴 때

마주 앉은 소주잔이 흔들리고

물컹한 안주가 씹히지 않아도
아버지는 울지 않는다

눈물이 소주가 되고
소주가 눈물이 되고
비 그친 날 풀잎에 맺힌 빗물처럼
한 방울 두 방울, 무겁게
떨어질 때가 있을 뿐.

# 천상의 맛

소달구지가 게으름 피우며 다니는 행길
신작로 한가운데 떡 버티고 선 미군 트럭
하얀 얼굴 노란 눈썹의 미군 병사가
재미있는 미소로 설탕 한 숟가락씩
쑥스러운 손바닥에 붓는다
어른 아이 남자 여자 가릴 것 없이
혀로 찍어 먹다가는 주머니에 털고
눈치 살피며 맨 뒷줄에 또 껴든다
한 번도 맛보지 못한 천상의 맛
그 달콤함에 취해 수치심도 벗었다
해는 서산으로 급하게 미끄러지는데
동네 사람 모두 손바닥 핥는 마력의 줄은
길가의 미루나무 그림자만큼이나 길다.

# 세월의 두께

껍질까지 통째로 베어 무는 이빨
사과즙이 파편처럼 튀는 햇살
거친 주먹보다 큰 사과가
삽시간에 앙상한 뼈대만 남는다

이빨을 물어 놓지 않는 사과
사과즙이 침처럼 흐르는 땅바닥
아기 주먹보다 작은 사과가
속살을 좀처럼 내주지 않는다

붉은 껍질의 통 사과가 굴러간 자리
흰 속살의 토막 사과가 슬며시 앉는다.
세월의 두께는 사과처럼 익는데
가을 햇살은 그제나 이제나
부드러운 눈빛이다.

# 천벌

나 함께 가리
줄비 내리는 날
빈대떡 굽는
막걸리 집 찾듯이

모두 떠나가고
벌레도 나를 쪼지 않는
홀로 있는 세상은
천벌이네

나 함께 가리
꽃잎 날리는 날
다정히 손잡고
오솔길 걷듯이.

# 아픈 흔적

어스름한 강가 희뿌연 백사장에
긴 발자국 흔적으로 남아 있습니다
물결 흐르는 곳으로
발자국은 따라 갑니다
동네, 작은 나루에는 한때
알 수 없는 발자국 있었습니다
흐르는 물결 가는 대로
발자국은 흘러갑니다.
발자국은 점점 작아집니다
흔적은 점점 지워집니다
마지막 발자국 하나 남기며 갑니다
물결 흐르는 데 까지 따라갑니다
발자국은 강물이 되었습니다
흔적은 강가의 돌이 되었습니다
그 발자국 노을 젖은 끝자락이
내 고향 강가의 아픈 흔적입니다.

# 부부

팔이 되고

다리가 되고

눈이 되고

섬치 못한
그 무엇이 되어

같은 곳 향해 가는

마음이 되지 못하고
죽음이 되지 못하는

한 귀퉁이
설움 안고.

# 4.

# 연극이 끝나면

# 옷 입는 산

산은 벗어놓은 옷들을
나뭇가지에 걸지 않는다
한 켜 두 켜
든든하게 든든하게
속옷부터 끼어 입는다
바람이 매무새 고쳐 주는 대로
눈 질끈 감는다

산은 새로 지은 옷들을
나뭇가지에 주렁주렁 건다
한 잎 두 잎
가볍게 가볍게
겉옷부터 걸쳐 입는다
햇빛이 매무새 찜해주는 대로
눈 크게 웃는다.

# 산은 품는다

산은 버리지 않고 품는다.
빗방울 떨어지고
나뭇잎 떨어지고
꽃잎 떨어지고
차갑게 떨어지는 눈
새가 알을 품듯이
따듯한 가슴으로 품는다

산처럼 품지 못하고
떨어져 내리는
내 삶의 허튼 영혼의 흔적
흠집 가득한 발자국
낮도둑의 눈으로
산의 넉넉한 품속에
슬그머니 던지고 내려온다.

# 가로수와 인간

가로수는 인간과 함께 살고 싶은 것이다
가로수는 인간을 사랑하는 것이다
가로수는 외로운 것이다
인간에게 다가가기 위해 손을 내미는 것이다
인간의 머리를 쓰다듬어 보고 싶은 것이다

부푼 꿈의 이파리 흔들며 인간 곁에 선 것이다
인간세계에 손발을 뻗고 싶은 것이다.
인간은 자신의 목을 죄러 오는 손을 뿌리치듯이
가로수의 팔을 잘라버리는 것이다
불편이라는 간단한 이유로 칼날을 휘두르는 것이다

가로수는 둥근 상처 남긴 채 등을 돌리는 것이다
먼데 고향을 꿈꾸며 울고 있는 것이다
사랑의 본능을 감출 길 없어 떨고 있는 것이다

가로수는 차 소리에 흔들리는 게 아니라
인간에게 떨고 있는 것이다.

# 말라가는 것들

강가에 자리 잡은 한적한 초가집
텃밭 밭머리에 어른 키 두 곱절쯤 되는
크지 않은 나뭇가지에 온몸을 휘감은 구렁이
동네 구경꾼들이 몰려와도 꼼짝 않던 구렁이
어른들의 손에 끌려 가마솥으로 들어갔지
한동안 솥뚜껑이 들썩들썩 거렸어
솥뚜껑 누르랴 장작불 때랴 한참 소란을 떤 후
동네 어른들은 그 국물을 한 대접씩 퍼마시곤
백 년 된 산삼 국물 마신 듯 흐뭇한 얼굴이었어.
한동안 얼굴에 기름기가 흘렀지
동네 집집마다 불이 빨리 꺼졌어.

어린 시절 내 고향에서
부황 들린 동네 어른들 보신해준 그 구렁이가
이 땅 위의 마지막 집 구렁이는 아닐까

유년에 흔히 볼 수 있던 것들이
이제는 볼 수 없거나 보기 힘든 것들이 많다
그들이 말라가는 것일까
내가 너무 멀리 떨어져 있는 것일까

제비 멥새 장수벌레 왕잠자리 밀잠자리
실잠자리 메뚜기 송장메뚜기 사마귀 풍뎅이
방아깨비 반딧불이 방개 땅강아지 호랑나비
무당벌레 게다가 번들거리는 똥파리까지
그리고 밤하늘의 별.

# 개망초 꽃

밀어올린 뿌리가 있고
눈 뜨인 햇살이 거기 보는데
피자마자 떨어지는 꽃이여
뛰어내리는 꽃이여

흙냄새 피는 곳마다 고개 내미는
개망초 꽃을 보라

뜨겁고 긴긴 태양을
작은 몸 깊숙이 빨아들이고
불에 타지 않는다
시들지 않는다
눈 감지 않는다

가을의 질긴 바람에도

꽃잎 몇 개 떼어주고
운명이라 못 박힌 그 자리
흔들리며 지키리라
눈뜨고 죽으리라

개망초 꽃은 죽어서 말한다
이 세상은 한 번 뿐.

# 참새는 어디로 갔나

낟알은 귀했어도 참새는 흔했는데
벌떼 몰려다니듯 우르르르 떼 지어 다녔지
학교 울타리 군청 앞마당의 은행나무에는
저녁이면 은행이 반 참새가 반이었는데.
오죽이나 넘치면 집안 마당에서 쌀 몇 알을
미끼로 참새 낚시를 했을까
포장마차 안주판에서도 빠질 수가 없었지
삼십 촉 알전등에 구색이 잘 맞았어.

가을 들판에선 허수아비와 술래잡기 하고
서글픈 치맛자락과 벼 이삭줍기에 분주했지
무리 지어 몰려다니며 촐랑거리는 참새 떼는
이제 어디에서 볼 수 있는가

쇳덩이가 지나간 논바닥에는 벼 한 톨에도

온기가 남아있지 않는 걸까
감나무의 까치밥 같은 순한 여유가 사라졌나
농부의 손끝이 야물어진 것일까
아니면, 아니면, 그놈의 농약 폭탄
도시의 삭막한 빌딩숲이 들판에 내려앉는다

길가의 돌멩이처럼 눈길조차 받지 못하던 참새
쌀이 거늑해진 요즘엔 싱갱이도 않을 텐데
쓸쓸한 길가에 참새 한 마리 총총 지나간다.

# 하루살이

잘 빠진 구렁이 같은 공원 산책길
해가 서산에 걸린 구불구불한 오솔길 따라
발바닥 부드러운 구렁이 따라 걷는다
갑자기 한 떼의 하루살이들이
히치콕의 새처럼 내 앞길을 막는다.
눈 코 입 가리지 않고 달라붙는다.
본능적으로 두 손이 하루살이 떼를 가른다.
손이 허공을 그을 때마다 하루살이들은
구렁이 등위에 우수수 떨어진다
하루 살려고 나온 하루살이
그나마 하루도 온전히 못 살고 생을 마감한다
인간도 제 명줄 쫓아가기 어려운데
폭신한 구렁이 등이 위안이 되었으면
하루살이가 몇 시간 본 세상
내가 몇 십 년 본 세상은 다른 걸까

내가 보지 못한 것을 하루살이가 본 것도 있겠지
내가 모르는 것을 하루살이가 아는 것도 있겠지
구렁이 등의 하루살이가 날개 몇 번 털더니
하늘 위로 날아오른다.
구렁이가 갈 길을 잃은 듯 어둠 속에 묻힌다.
해 넘긴 하루도 길다.

## 연극이 끝나면

아름다운 꽃잎
봄의 무대가 내려지니
바람 쫓는 쓰레기

황홀한 단풍잎
가을의 무대가 내려지니
바람 날리는 쓰레기

무대는 매몰차게 떠나고
남겨진 배우는
바람 흘리는 쓰레기

쓰레기에 밟히는 관객의 발
언젠가는
바람 따라 가게 될 그 발.

# 산 자의 시간

마을 등 너머 공동묘지
가지런히 서 있는 비석들
흙 묻은 이름자 아래
이 세상 온 날 떠난 날
멈춘 시간의 역사로 들린다

가는 시간은 달아나고
오는 시간은 망각으로 온다
멀리서 빙빙 놀던 시간이
가까이 오면 급해진다.

죽은 자의 시간
산 자의 시간
그 누구의 장난 같은 것
인간의 짓은 아무 것도 없다.

# 사과 궤짝의 추억

가을 햇빛에 지친 살구나무가
이파리 반쯤 털고 눈 감은 공원
노인 셋이 허물어지듯 앉아있다
노인보다 많은 막걸리 병이
그 옆에 제멋대로 쓰러져 있다.

난 학교 때
사과 궤짝에 신문지 붙인 책상에서 공부했어
밥 먹을 땐 밥상이고
우리 어머니는
사과 궤짝에 마분지 붙여 옷장으로 썼어
석경 올리면 화장대고
우리 집은
사과 궤짝에 붙일 것도 없이 찬장이 됐어.
신발 넣는 신발장도 있지

궁색한 침이 튈 때마다
썩은 사과처럼 먼 가난이 굴러 나온다.
그 시절 집안의 만능 가구
사과 궤짝과 사과의 추억은
가깝고도 먼 이웃.

## 흔들리는 나무

바람에 흔들리는 나무를 보아라
흔들리지 않는 나무 있더냐
기다리는 나무는 흔들린다

바람이 잔다고 흔들리지 않느냐
아무리 오래된 나무라도
나무 어딘가는 흔들리는 소리 들린다

흔들리지 않는 나무는 죽은 나무다
푸른 영혼이 떠난 나무다
새도 앉지 않는 누워있는 나무다

바람만이 나무를 흔드는 건 아니다
나무가 나무를 흔들 때가 있다
나무 속 깊은 숨소리가 나무를 흔든다

흔들리는 것은 기다리는 것이다
아름다운 사랑은 기다리는 것이다
가장 아름다운 사랑은 흔들리는 것이다.

# 망각의 보검

나이 따라 늘어나는 게
몸 밖에는 주름이요
몸 안에는 걱정거리라는데
늘어만 가는 게 주름이듯
걱정의 골은 깊어가고
그릇은 조금씩 작아지고
걱정은 점점 커지고
넘지 말아야 할 벽을 넘어
끝내 그릇이 터질 때

인연의 질긴 동아줄
손이 피가 되도록 놓지 못하고
기어이 땀이 얼음이 되어 흐를 때
사랑의 칼날 잡은 손마디
회한에 서린 눈물방울 한 줌

어둠 속으로 멀리멀리 떠난다.
삶이 이별 아닌 게 있으랴
신께서 인간에게 버리듯 주신
망각의 보검.

# 자수성가

할아버지 자수성가하시어
고향 땅에 묻으셨네.
불어나는 재물 자루
신뢰의 땅에 꼭꼭 심으셨네.
할아버지 큰 발자국
해넘이까지 찍으셨네

난리 통에 유언 못 한 할아버지
남의 땅에 홀로 묻히셨네.
어허, 장자 상속이라
장자 아래 피붙이 자식들은
멀쩡한 땅에 침만 잔뜩 흘리고
그 아래 살붙이 손자들은
할아버지 섭섭하고

태산 같은 땅덩어리
모래알처럼 날았으니
할아버지 그림자마저 사라지셨네.
피땀으로 심은 자수성가는
나뭇잎 하나 키우지 못하고
뿌리 뽑혀 강물 따라 흘러갔네.

# 낮은 마음

작은 연못에
하늘이 있는데
큰 하늘에는
연못이 없네

낮은 호수에
산이 있는데
높은 산에는
호수가 없네

작은 그릇이
큰 것을 담고
낮은 마음이
높은 것을 품네.

# 뒤를 보며 걷는 길

발 앞에 펼쳐 있는 길
어느 길을 가던
고개 너머를 궁금해하며
앞을 보며 걷는다.

단 하나의 길
황혼이 길게 깔려있는 길
돌아올 길을 염려하며
뒤를 보며 걷는다.

# 오늘은 오늘뿐

오늘 같은
오늘은
오늘뿐

지난날의 마지막 날인
오늘은
오늘뿐

남은 날의 첫날인
오늘은
오늘뿐

하루는 오늘만이 아니나
오늘은
오늘뿐

내가 나인
오늘은
오늘뿐.

# 장작

시뻘건 아궁이 속에서
한 줌의 재로
비우겠으나

구름의 손짓에
가슴 설레는
나무였으리라.

# 5. 공

# 공

가장 낮은 곳을 사랑한다
낮은 곳 찾아가는 나를
발로 차고 손으로 때리고
머리로 박고 몽둥이로 쳐대도
나는 미워하지 않는다
멍든 몸 가슴 깊이 누르며
뛰어오르는 법을 배운다
무겁게 떨어질수록
가볍게 뛰어오른다
뜨거운 땀방울이 내 몸을 적시면
가고 싶은 마음의 고향
가장 낮은 곳을 찾는다
구르고 또 구르지만
쓰러지진 않는다
절대로 쓰러지지 않는다

사랑의 손길로 뛰어오를 그 날
있기에.

# 오늘의 친구

나의 친구는
떠나간 친구지요
날이 갈수록 묵은 정 오르네요.
묵언 수행하는 바위입니다
어제 오늘 내일이 아름답지요

텅 빈 어제부터 오늘
그저 오늘의 친구입니다
비가 없으리오.
바람이 없으리오.
누군가 내일을 알겠어요.

모진 바람에 쓸려
벼랑 끝에 섰다가
엉금엉금 기어

기어이 함께 비 맞은
그런 친구 없나요

평생 비바람 없는 작은 마을
그 행운이 담 넘지 않은 친구를
이마의 주름만 보고
그저 친구라 부르지요
오늘의 친구.

# 한 잔의 갈등

한 상다리 건너 한 사람씩
외로움을 기다리고 있는
간이역 같은 주점
한 잔의 갈등
마른 목줄에 흐르는 샘물의 추억
헛침 삼키는 목마름으로 온다
작은 잔 속에 떨어진
쓴웃음 한 점은
오래전에 떠난 친구를 기다린다
외롭지 않은 인연 있으랴
마시는 외로움은
외로움을 마시는 것보다 외롭다
한 잔의 목마름을
흔적 없이 씻어 내는 날
출발의 기적 소리 맵게 울린다.

# 조주원 시래깃국

죽기 위해 먼 길 돌아온 사람들
살기 위해 내려놓은 사람들
땅 밟으며 열심히 달려온 사람들
마주앉아 시래깃국을 먹고 있다.

방황하는 번뇌에 젖은 노래를
구겨진 잠뱅이 자락에 감추고
끝내 부르지 못한 한 구절
절망의 담장 밑에도
생명이 싹트고 있음을
겨울은 계절의 끝이 아님을

썩은 나뭇잎이 새싹을 키우듯
시들은 시래깃국에서 피어오르는
길게 늘어진 시래기 줄거리처럼
힘 빠져 질깃한 먼 길을 본다.

# 낙원동 순댓국집

낙엽 같은 날들
주머니 속 깊숙이
쑤셔 넣은 사람들
삼삼오오 마주앉아

벌레 먹은 지난 날들
한 잎 두 잎 꺼내
막걸리 색 물감으로
덧칠하고 있다.

# 씹을수록 배고프다

뱉기 위해 씹는 동물 있더냐
오직 넘기기 위해 씹는다
잘게 잘게 정성껏 씹는다
닦지 않는 이빨로 깨끗하게 씹는다
살기 위한 본능으로 씹는다
씹을수록 배부르다

뱉기 위해 씹는 건 인간뿐
자근자근 씹는다
죽일 듯이 모질게 씹는다
매일 닦는 이빨로 더럽게 씹는다
씹기 위한 본능으로 씹는다
씹을수록 배고프다.

# 괜히 그런 날

7월 중순이 되도록 잊었는데
마침내 올 것이 왔구나
확확 찌는 더위
반가운 비는 듬성듬성 내리고
주저앉은 더위는 꼼짝 않고

괜히 쓸쓸하고
그냥 숨이 콱 막힌 날
핸드폰 속의 친구는
위로 아래로
부지런히 미끄러지고

잘 빚은 컬컬한 빗줄기는
못 본 듯이 떨어지고
찌그러진 주전자는

보란 듯이 걸려있고
허름한 주점은 혼자서 비 맞고.

# 하늘 구멍

구름 없는 하늘을
하늘이라 하는가
구름 덮인 하늘을
하늘이라 하는가
마른장마에 답답한 팔월
낮잠 자는 여의도의 돔 같은
구름이 밀려오고 밀려간다.
꽉 막힌 구름 사이에
쪽 하늘이 얼굴 잠깐 내민다.
구름이 숨 돌리는 순간
하늘이 숨을 토한다.
틈으로 엮인 이 땅 위에
빈 틈 사이로 내려 보는
짝사랑의 눈빛 같은 하늘 구멍
여의도는 딱딱한 가뭄인데

지루한 하루는 물기 없는
구름만 바라본다.

## 물의 상처

살다 보면 누구나 한 번쯤은
먼 미움의 추억을 그리는 마음
멀리 멀리 날아가길 기대하며
호수 위에 돌을 던질 때가 있다
물은 아름다운 원형의 파문으로
물 주름 엷게 낮달처럼 사라진다.
천년 물속의 평온한 질서는
한순간에 무너져 내려
물의 아픔으로 고스란히 남는다
가난한 추억의 삭은 부표는
오솔길 돌아 뒷모습 사라지고
뼈 없는 물은 가시 없는 돌을
포근히 감싸 안는다
물의 상처도 물이 되어
자연의 긴사랑 속으로 흐른다.

# 가깝고도 먼 이웃

세월의 햇살 가린 공원 정자
무거운 한낮이 헐거운
할아버지 할머니들
남과 북으로 헤어져
휴전선 양쪽으로 갈라선다.
낯선 개 한 마리가 부지런히
오가며 꼬리를 흔든다
무대 위에 펼쳐진 시간의 낙엽은
구겨진 파지 되어 한 점씩 난다
목판 울리는 소리
목청 울리는 소리
철조만 울리는 한숨 소리
한 많은 고개 넘긴 무쇠 발
마지막 비탈길을 밟는다.
휴전선 포탄의 흔적 나눈
가깝고도 너무나 먼 이웃.

# 잇몸

무던히
술을 퍼붓기 위해
안주를 씹었는데

비로소
안주를 삼키기 위해
술을 씹는다네.

오로지
살아있으니 씹고
씹어야 산다면

기필코
넘기기 위해
잇몸이야 못 씹으랴.

# 그 손으로

미군부대 쓰레기통 뒤지던
미군 병사에게 먹을 것 구걸하던
기브미 껌 하며 내밀던
그 손, 그 손으로

더운 이국의 벌거벗은 아이들
철조망 넘어 골프공 주워 파는 아이들
기브미 완 달러를 외치는 아이들에게
그 손, 그 손으로

이국의 어린 나에게
이국의 어린 아이들에게
슬픈 조국의 아침을 던진다.
그 손, 그 손으로.

# 그 때에는

소리가 절로 나왔어
신비의 샘처럼 흥이 넘쳤지
그때에는

마이크도 필요 없고
반주도 소용없었지
찌그러진 주전자에
막걸리만 넘치면
열두 가락씩 뽑았어.

악보도 필요 없고
전주도 소용없었지
상처뿐인 젓가락에
상다리만 멀쩡하면
신바람 나게 돌았어

허기진 술잔에 풍성한 하루
삼십 촉 치맛자락이 불타고 있었지
그때에는.

# 좁은 문

서늘하게 깊어가는 가을
힘 빠진 햇살이 가늘어지고
나뭇잎이 깊게 익어 가고
석양에 물들어가는 강 물결에
서서히 발을 적시면
누구든 가난해진다
손발이 가난해지고
머리가 가난해지고
입이 가난해지고
눈이 가난해지고
주머니가 가난해지고
이웃이 가난해지고
친구가 가난해지고
가난이 더 가난해진다
흰 머릿결 따라 오는 가난

혼자만의 막을 치고 뒹구는
누에는 되지 말자
넉넉한 주름살 따라
마음 한 줄기 부자이면
가난한 자 반기는 좁은 문
웃음 띠며 기다리나니.

# 지구의 소리(이명)

그 소리는 태곳적부터 있었다
소수의 정제된 자에게만 전해지는
아픈 지구의 소리다
왼쪽 귀는 지구의 공전소리
오른쪽 귀는 지구의 자전소리
두 귀에 섬마섬마 붙는다
따분한 날 손님처럼 왔다가
지워지지 않는 어둠으로 남는다

아, 나는 들린다
듣고 있다
지금도 자라고 있는
밤과 낮 가리지 않는
씻어도 씻어도 지워지지 않는
내 가슴 두드리는 저 신음 소리

천지간 생명의 비밀스런 소리
지구가 울고 있는 그 소리.

# 이기려면 지거라

지지 않고
뜨는 해
보았느냐

지거라
지지 않고
이길 수 있으랴
이기려면
지거라

지지 않고
뜨는 달
보았느냐.

# 답답한 준섭이

세월호에 뒤집힌 요즘 세상 참 답답하네요
온통 고집 센 주둥이뿐이지 듣는 귀는 물속 깊이 잠겼어요
한 방울의 빗물도 떨어뜨리지 못하는 잔뜩 찌푸린 구름만
답답한 하늘을 메우고 있네요

답답할 때면 떠오르는 동무가 있습니다
초등학교 6학년 여름방학 땝니다
준섭이는 달포 전에 우리 동네 왔지요
손가락질 받는 첩이라는 엄마 손잡고 아버지 찾아왔지요
학교도 못 다니고 매일 술심부름했지요
나는 준섭이가 싫었어요. 바보라고 놀렸지요
준섭이는 오른발로 땅바닥을 서너 번 쯤 내리찍어야
겨우 말 한마디 뱉었지요
듣는 이도 답답하니 준섭이는 오죽이나 답답하겠어요
아마 국어책에 있는 철수와 영이 한쪽을 다 읽으려면

하루 꼬박 걸리겠지요.
준섭이를 놀리며 흉내 내다가 동네 아이들도 모두
말더듬이가 됐지요.
남들은 쉽게 하는 말, 그 말 한마디가 힘든 준섭이가
"울 아버지 나빠" 하고 말했다가 죽도록 맞았지요.
준섭이는 서너 달쯤 더 있다가 어디론가 떠났지요
나보다 두 살쯤 아래인 준섭이가 어느 날 강가에서
물수제비뜨다가 내게 말했어요 "부러워 형이"
온몸을 비틀어 짜낸 그 말이 지금도 들리네요
나를 부러워하는 사람이 있었다는 사실이 내겐
어느 성현의 말보다 나 자신을 돌아보게 하지요

세월호 세월호 세월호에 헛세월만 가네요.
기다렸던 추석이 혼자서 가네요.
답답한 마음만 따라갑니다.

힘없는 발로 땅바닥만 잔뜩 찍어대며 말 한마디 못하는 나는 준섭이보다 혀가 딱딱하게 굳은 바보가 틀림없네요.

최동현 제5시집

# 개망초의 노래

2015년 2월 25일 초판 발행

지은이 최동현 | 펴낸이 김은영 | 펴낸곳 북 나비
출판신고 2007년 11월 19일 제380-2007-00056호
주소 143-835 서울시 광진구 자양로23길 63 (구의동, 1층)
전화 (02)903-7404, 팩스 02-6280-7442
booknavi@hanmail.net
www.booknavi.co.kr


ISBN 978-89-993682-80-9 03810
값 10,000원